# 信息图少儿奇趣历史系列

## 玛雅文明

〔英〕乔恩·理查兹 著　张弛 译

M A Y A 　 W E N M I N G

GUANGXI NORMAL UNIVERSITY PRESS

广西师范大学出版社

·桂林·

出版统筹：张俊显
品牌总监：耿　磊
责任编辑：王芝楠
助理编辑：韩杰文
美术编辑：刘冬敏
版权联络：郭晓晨
营销编辑：杜文心　钟小文
责任技编：李春林

The Mayans (History in Infographics series)
Editor: Jon Richards
Designer: Jonathan Vipond
First Published in Great Britain in 2016 by Wayland
Copyright © Wayland, 2016
All rights reserved.
著作权合同登记号桂图登字：20-2018-022 号

**图书在版编目（CIP）数据**

玛雅文明 / （英）乔恩·理查兹著；张弛译. —桂林：
广西师范大学出版社，2019.10
（"信息图少儿奇趣历史"系列）
书名原文：The Mayans
ISBN 978-7-5598-2177-5

Ⅰ. ①玛… Ⅱ. ①乔…②张… Ⅲ. ①玛雅文化—少
儿读物 Ⅳ. ①K731.2-49

中国版本图书馆 CIP 数据核字（2019）第 190696 号

广西师范大学出版社出版发行

（广西桂林市五里店路 9 号　邮政编码：541004）
（网址：http://www.bbtpress.com）
出版人：张艺兵
全国新华书店经销
北京博海升彩色印刷有限公司印刷
（北京市通州区中关村科技园通州园金桥科技产业基地环宇路 6 号
邮政编码：100076）
开本：787 mm × 1 092 mm　1/16
印张：2.5　字数：45 千字
2019 年 10 月第 1 版　2019 年 10 月第 1 次印刷
审图号：GS（2019）928 号
印数：0 001~5 000 册　　定价：39.80 元

如发现印装质量问题，影响阅读，请与出版社发行部门联系调换。

# 目录 | CONTENTS

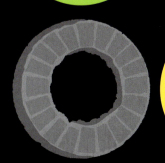

# 欢迎来到信息图的知识世界

用人人都能明白的信息图搞懂各种历史奇趣知识。

找一找哪一个中美洲民族雕刻了巨石头像。

读一读玛雅人怎样崇拜他们的神祇。

看一看玛雅统治者最想要的是什么。

学一学玛雅人如何书写他们的文字和数字。

比一比玛雅金字塔和胡夫金字塔的规模。

# 谁是玛雅人

玛雅人是源自中美洲的一个土著民族。公元前1500年，他们已经定居在这里。公元250年前后，玛雅人开始向外扩张并建立了一个帝国，这个帝国一直兴盛到约公元900年。

## 中美洲

中美洲是南北美洲的中央地带，大约包括伯利兹、萨尔瓦多、危地马拉、洪都拉斯、尼加拉瓜和哥斯达黎加。

北美洲

南美洲

公元前2000年

奥尔梅克时代
公元前1200年—公元前400年

## 早期文明

奥尔梅克人发展出了中美洲第一个文明。

## 巨石头像

关于巨石头像的信息，最有名的可能就是人头石像高达3.05米。这几乎是成年人身高的两倍。

高达3.05米

"奥尔梅克"的意思是**"橡胶民族"**，这个称谓来自他们与天然橡胶——也就是从橡胶树中流出的"乳胶"之间的密切关系。

采胶人划破树皮，液态橡胶缓慢滴出。

液态橡胶用绑在树上的杯子来收集。

## 中美洲各民族

玛雅人是定居在中美洲，生活并繁衍兴盛的几个民族之一。包括奥尔梅克人、托尔特克人和阿兹特克人在内的一些民族都曾一度强盛并控制中美洲。

墨西哥

尤卡坦半岛

伯利兹

危地马拉

洪都拉斯

萨尔瓦多

### 墨西哥文明

- 玛雅文明
- 阿兹特克帝国
- 奥尔梅克中心地带

| 玛雅古典时代<br>公元250年—900年 | 托尔特克时代<br>公元900年—1200年 | 阿兹特克时代<br>公元1200年—1521年 | 七世 |
| --- | --- | --- | --- |

**大约在公元250年**，玛雅人开始建造和发展大型石造城市，比如蒂卡尔、科潘和帕伦克。

**大约公元900年**，玛雅文明神秘地衰落了。

**1821年**，墨西哥从西班牙独立出来。

玛雅文明在古典时代达到鼎盛，曾统治着**200万人**，这一时代从公元250年一直延续至公元900年。

# 玛雅城邦

玛雅人建造了几座美洲最大的城市，通过这些城市，玛雅人控制了中美洲。随着时间的推移，这些城市的规模逐渐扩大。但到公元900年左右，玛雅人突然离开了他们的城市。

道路将许多玛雅城市联系起来，玛雅人把道路叫作"**萨克比奥博（sacbe-ob）**"，意思是"**白色的大道**"。根据测量，最长的一条道路有**300千米**。

直至公元900年，蒂卡尔城邦依然繁盛。之后，它便被抛弃了。其中可能的原因包括砍伐森林、人口过度增长和水资源短缺。

科潘

卡拉克木尔

蒂卡尔

卡拉科尔

## 40座

这是玛雅文明鼎盛时期主要城市的数量。现在，一些城市遗址被联合国教科文组织列为世界遗产。每年都有大约120万人参观奇琴伊察遗址。

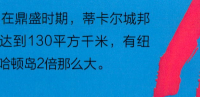

在鼎盛时期，蒂卡尔城邦面积达到130平方千米，有纽约曼哈顿岛2倍那么大。

玛雅人利用**天文**知识来选择建造城邦的位置。

### 新发现

2016年，一个来自加拿大的15岁男孩威廉·嘉多利用玛雅人的方法，结合卫星图像，找到了失落的玛雅城邦遗址。这个遗址位于尤卡坦半岛，被热带雨林深深掩埋。威廉·嘉多利把这个城邦叫作"卡克奇（K'aak Chi）"，意思是"烈焰之口"。

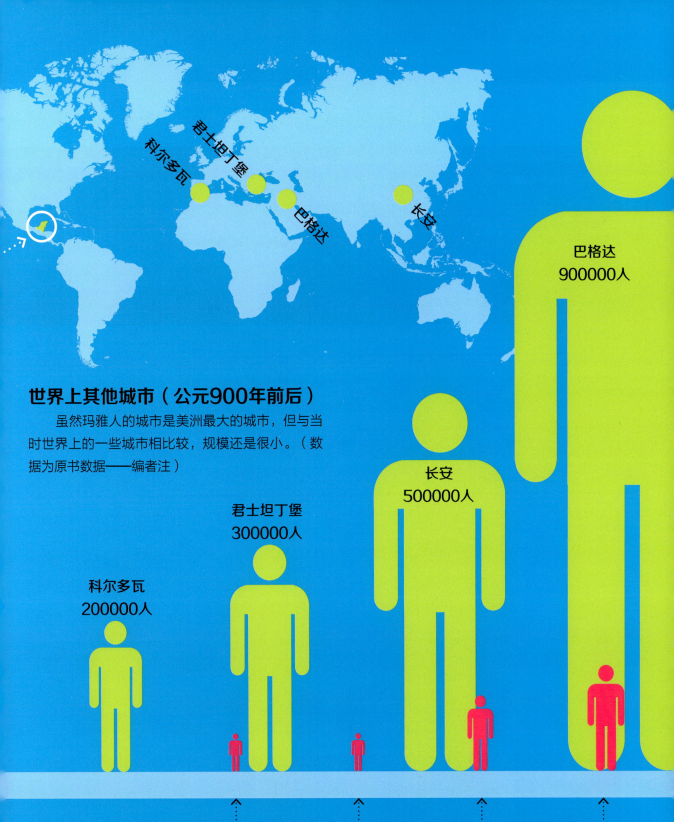

**世界上其他城市（公元900年前后）**

虽然玛雅人的城市是美洲最大的城市，但与当时世界上的一些城市相比较，规模还是很小。（数据为原书数据——编者注）

科尔多瓦
200000人

君士坦丁堡
300000人

长安
500000人

巴格达
900000人

主要的玛雅城邦：

科潘 50000人（公元600年—900年）

卡拉克木尔 50000人（公元600年—900年）

蒂卡尔 100000人（公元600年—900年）

卡拉科尔 140000人（公元250年—900年）

# 玛雅建筑

在城邦中，玛雅人建造了许多令人吃惊的建筑物，包括金字塔、华丽的宫殿、巨大的球场和广场。

## 石碑

玛雅人曾雕刻高耸的石头柱子，我们把它叫作"石碑"，最高的石碑达11米，比两只长颈鹿的身高加起来还要高。

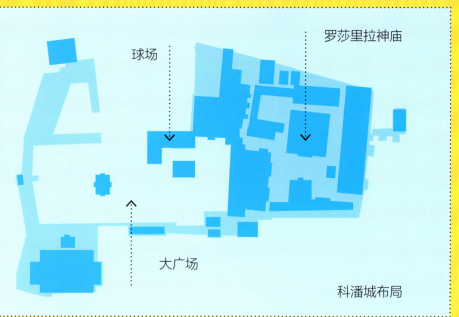

## 城市布局

玛雅人的建筑和市镇往往围绕着中心广场或者大型宫殿。神庙、住宅和其他建筑则围绕着更小一些的广场。

球场

罗莎里拉神庙

大广场

科潘城布局

## 奇琴伊察，卡斯蒂略金字塔

坐落于玛雅城市奇琴伊察的卡斯蒂略金字塔有四个面，每一面有91级台阶。四面汇聚于金字塔顶，再经一个台阶进入神庙，加起来一共是365级台阶，正好是每一年的天数。

30米

47米

蒂卡尔

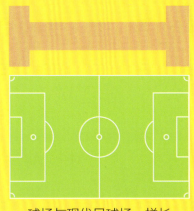

玛雅人在一个巨大的"工"字形球场举行球赛，他们以踢球或击打球的方式进行比赛。在奇琴伊察发现的球场大约有96米长，30.5米宽。

球场与现代足球场一样长。

纯拱　　　　　突拱

## 拱门

玛雅人在建筑时并不使用纯拱设计，而是使用突拱。

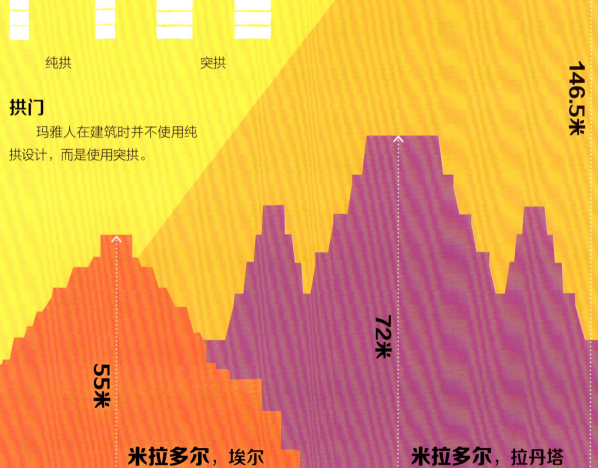

埃及，胡夫金字塔

146.5米

55米

72米

**米拉多尔**，埃尔蒂格雷金字塔

**米拉多尔**，拉丹塔金字塔

# 玛雅人的信仰

玛雅人崇拜的神超过165个，许多神与人类一样，并非无所不能，也不能长生不死。虽然这些神也会衰老和死亡，但玛雅人仍然祭祀他们。

玛雅人认为世界分成三个部分：**天堂、人间、地狱。**
由世界树将它们联系起来。

**活人祭祀**

为了使神明满意，玛雅人用活人祭祀。玛雅人发动战争的一个主要原因就是抓俘虏来祭祀。

祭祀一般在城市中的某个金字塔祭坛上举行。

祭祀刀具

## 25厘米

玛雅祭司使用一把**25厘米**长的刀杀死俘虏以作为祭品。

## 放血

玛雅贵族以"放血"的方式来取悦神明。他们会直接用针刺破皮肤或者用绳索捆绑针刺破的皮肤，把流出的血液作为祭品。

玛雅人认为在精神上每一个人都有一个叫作"**维奥博（way'ob）**"的动物伴侣。国王往往以一只美洲虎作为伴侣，在玛雅人的艺术中国王也经常以美洲虎的形象出现。

## 隆重的葬礼

玛雅国王死后以隆重的仪式安葬。帕卡尔国王曾统治他的王国60年，公元683年，他被安葬在帕伦克城碑铭神庙中心的墓室中。他的陪葬品包括翡翠和珠宝。

玛雅城邦帕伦克碑铭神庙。

墓室

除了国王和贵族，祭司是玛雅人中唯一能读写的阶层。

玛雅人的祭祀仪式可以持续

# 六个多小时

# 算数与文字

玛雅人创造了一个复杂的系统，用以计算和记录他们的观测结果。他们还创造了一个历法系统，并用这个系统预测很多年之后的事。

TUN
**石头**

K'U K'UL
**神、神圣的**

K'AK
**火**

KAH
**城镇、区域**

大约公元前700年，玛雅人发明了一种包括800个符号的雕刻象形文字。玛雅人用这些符号或标示发音，或标示含义，或同时标示发音和含义。这些文字往往被雕刻在成对的圆柱上，也被写在纸上，这些抄本被称为"玛雅刻本"。

CHAN
**天空**

K'IN
**太阳**

HA'
**水**

NIK
**花**

BIH
**道路**

WINK
**人、个人**

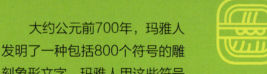

如今，只有四部玛雅刻本存留下来，其中一部差不多有**七米**长……

几乎跟两辆小汽车一样长。

玛雅刻本书写在用无花果树皮做的纸上。这些文本折叠起来就像一架手风琴。

**0  1  2  3  4  5  6  7  8  9  10  11**

玛雅人应用一种基于数字20的计数方法，即二十进制……

玛雅人使用的日历由三个不同的历法循环组成，这三个历法叫作"卓尔金历""哈布历""长计历"。

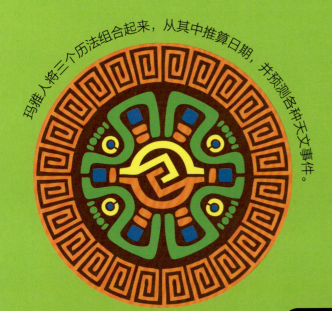

玛雅人将三个历法组合起来，从其中推算日期，并预测各种天文事件。

卓尔金历长**260**天，被划分成**20**个阶段，每个阶段长**13**天。

哈布历长**365**天，被划分成**19**个阶段，其中18个阶段长**20**天，另有一个阶段长**5**天。

## 长计历

长计历是以天体运行为基础的历法，该历法的周期长达2880000天。玛雅人认为在长计历的终结和起始点，宇宙将经历毁灭并重生。

> 长计历包含金、乌纳、盾、卡盾和伯克盾的概念。
>
> **1金=1天**
>
> **1乌纳=20金=20天**
>
> **1盾=18乌纳=360天**
>
> **1卡盾=20盾=7200天**
>
> **1伯克盾=20卡盾=144000天**

许多人相信这个世界将会在上一个玛雅历的终结点，也就是2012年12月21日毁灭。但什么也没发生，地球继续存在，而玛雅历也继续延续。

| 12 | 13 | 14 | 15 | 16 | 17 | 18 | 19 | 20 |

玛雅人比欧洲人更早理解数字0的意义。

# 玛雅人的社会

玛雅人的社会结构非常严格。最高层是统治者，被称作"阿加"（Ajau）或"哈拉·尤尼克"（Halach uinic）。其下分别是贵族阶层、祭司、商人、农民和奴隶，每个阶层都有各自的角色。

## 贵族

贵族包括地方官吏和王室成员，他们负责执行法律并征税。

## 商人

商人在各个乡镇和城市之间进行贸易——他们中的一些人甚至被怀疑是间谍。

## 统治者

统治者更迭的方式为父子相传的世袭制。统治者有许多宗教典礼义务，并被认为是真实世界与超自然的联系纽带。

## 女性统治者

萨克·库克是少数几位女性统治者之一。公元612年—615年，在丈夫去世、儿子年龄又太小的情况下，她统治着帕伦克城。

武士们独自成为一个阶层，他们可以来自玛雅社会的任何阶层。

## 祭司

祭司主持宗教典礼，包括祭祀。同时，他们负责用玛雅历法观测天文和预言未来。

## 农民和奴隶

农民和奴隶占玛雅社会的大多数，他们种植庄稼供养所有人。

# 玛雅人的战事

玛雅人之间的战争大部分是为了抓捕用来献祭并取悦神祇的俘虏，但随着人口的增长和资源的日益减少，玛雅人不停地战斗以控制更多的领土。

远程武器

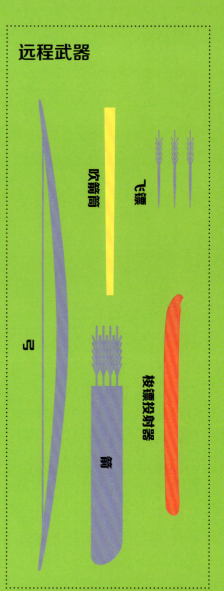

吹箭筒

飞镖

弓

梭镖投射器

箭

在一段**玛雅传说**中，一支防守部队把装满**黄蜂**的罐子扔向进攻部队，黄蜂们纷纷飞出罐子**蜇咬**进攻者。

## 如何使用梭镖投射器

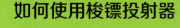

梭镖投射器

**1.**把长矛放置在梭镖投射器背部的凹槽内。

长矛

**2.**投掷者向前甩梭镖投射器。当达到最高点时，长矛飞出梭镖投射器，冲向目标。

# 近战武器

长约1米

## 战士用棍棒

这种棍棒上面嵌着锋利的黑曜石石刃。

## 铠甲

比较富有的玛雅战士穿着用厚棉絮做的铠甲，为了使它变得更硬些，棉絮被岩盐处理过。

**战斧**

**匕首**

## 盾牌

盾牌用动物的皮、芦苇席或雕刻木板制成。

长矛

**3.** 梭镖投射器大大增加了长矛的速度，使长矛能飞得更远。

玛雅人的战斗只会发生在白天。如果战斗可能会延续到晚上，那么双方就会约定临时停战，直到第二天早晨再开战。

# 食物与农业

耕种足够的粮田以喂养日渐增加的人口，是玛雅社会的关键所在。拥有较为肥沃土地的城邦能够获得足够的粮食，而那些只有贫瘠土地的城邦就不得不依赖贸易以获得足够的食物。

无论何时，多达

## 90%

的玛雅人在从事农业工作。

## 玉米

玉米对玛雅人非常重要，甚至在玛雅人的创世故事中处于中心位置。在玛雅传说中，作为大地的中心，世界树往往以玉米的形态出现，而且它是由玛雅的玉米神尤姆·卡什（丰收大师）从地狱带出来的。

玉米

酸橙

红辣椒

玛雅人经常把玉米放在混有酸橙汁的沸水中煮成粥，再加入红辣椒食用。

玛雅人的其他重要食物

鹿

野生火鸡

鱼

## 巧克拉提

玛雅人被认为是第一个种植可可树的民族。他们把可可豆粉与红辣椒、玉米粉、蜂蜜混合起来做成巧克力饮料，这种饮料叫作"巧克拉提"。

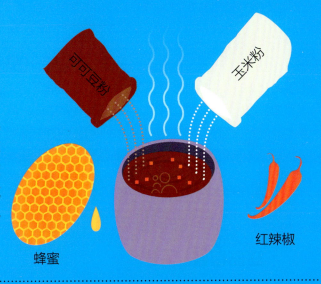

可可豆粉

玉米粉

蜂蜜

红辣椒

## 肥沃的土地

玛雅人的耕作采取刀耕火种的方式。他们烧尽土地上的森林，再在这片土地上耕种两年。之后这片土地就会被弃置5—7年，以使它重新变得肥沃。在高原地区，土地较为贫瘠，因此需要弃置15年以上。

## 梯田

在山地，玛雅人建造梯田以耕种庄稼。

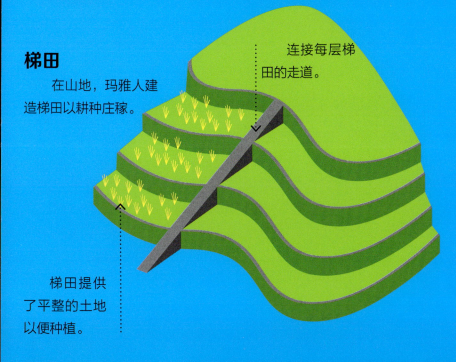

连接每层梯田的走道。

梯田提供了平整的土地以便种植。

玛雅人建造灌溉系统和水库，用来浇灌庄稼，尤其是在容易发生干旱的地区。在蒂卡尔，最大水库的蓄水量接近75000立方米——足以灌满30个奥运会游泳池。

鸭

蛋类

南瓜

豆类

# 卫生与体育

玛雅人想出了很多种办法治疗病人。他们认为一个健康人身体的各个方面处于平衡状态——如果任一方面失衡，人就会生病。治病者必须找出是哪部分出了问题，并开出正确的药方。为了保证健康，玛雅人经常参加一种任何人都不想输的、激烈的球类运动。

## 纯净躯体

玛雅人的健康观念和药物与灵魂有非常紧密的联系。蒸汽浴（与桑拿非常像）被用来纯净躯体。在彼德拉斯内格拉斯，有不少于八座的石头房子用于给权贵们提供蒸汽浴。

## 玛雅人的药材

许多常见的植物被玛雅人用作药材，包括可可、烟草、龙舌兰和红辣椒。玛雅人也用动物作药材，比如昆虫、鱼、鸟，甚至鳄鱼。

鸟

鳄鱼

鱼

红辣椒

可可

烟草

## 流行的运动

　　玛雅人在专门建造的场地举行球赛。选手分成两队，每队六人。选手们用手肘、臀部或膝盖触击橡胶球，把球打向对方。比赛的目标是迫使对方接不住球。

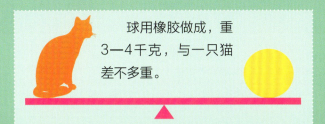

球用橡胶做成，重3—4千克，与一只猫差不多重。

### 石环

　　在玛雅人后期的球赛中，球场的两边挂着石环。两队选手都要努力把球打入圆环中。

### 能致命的球

　　这种球非常硬，有时候选手会因为被球击中而死亡。

昆虫

龙舌兰

## 玛雅人用不同颜色的植物治疗不同的疾病

红色的植物和果实被用来治疗血液紊乱的疾病。

黄色的植物和果实被用来治疗黄疸。

# 北美洲的民族

玛雅人仅仅是成百上千美洲土著民族中的一个。在40000年前至17000年前的某个时间点，第一批人类经西伯利亚和阿拉斯加之间的陆桥，踏上美洲大陆。此后，人类的足迹很快就遍布南北美洲。

## 西北海岸

特林吉特人、海达人和切罗基人生活在这一地区，过着狩猎采集的定居生活。

## 大平原

内兹佩尔塞人、克拉马斯人和其他一些土著民族过着狩猎采集的生活。

## 大盆地

包括肖松尼人和派尤特人在内的土著民族在此地过着狩猎采集的生活。

## 加利福尼亚

虽然有一部分土著居民过着农耕生活，但大部分土著居民还是以狩猎采集为生，如胡帕人和波莫人。

## 土丘修筑者

公元前3500年左右，几个民族修筑了遍布美国密西西比河谷的土丘。我们对这些民族知之甚少，更不知道他们为何修筑土丘。

俄亥俄州，大蛇丘

其中最有名的土丘要数"**大蛇丘**"，它是一座长度超过**400米**的蛇形土丘。

在大批欧洲人于16~17世纪到达北美洲之前，遍布北美洲的土著人已经发展出了丰富的文化形态。

## 北极圈

在这里居住着因纽特人和阿留申人，他们发展出了能够克服艰苦极地环境的生活方式。

## 靠近北极地区

克里人和其他一些土著人生活在这里。他们狩猎北美驯鹿和水鸟，也以采集浆果、根茎、植物汁液和捕鱼为生。

北美洲

## 东北部

生活在这里的土著人居住在小村子里，以农耕为业，包括阿尔冈昆人、易洛魁人和莫希干人。

## 东南部

这里生活着切罗基人、那切兹人和塞米诺尔人等土著居民，他们过着定居的农耕生活，正是他们修筑了大土丘。

## 大平原

这里生活着苏族人、科曼奇人和阿拉巴霍人，他们以游牧为生。

## 西南部

这片大地既是耕种部族，也是狩猎部族的家园，霍皮人、纳瓦霍人和阿帕奇人生活在这里。

南美洲

21

# 阿兹特克人

在中美洲，许许多多文明兴起又衰落，其中包括托尔特克文明、阿兹特克文明，以及在巨型城市特奥蒂瓦坎中心建造金字塔的民族的文明。

## 巨型城市

公元前500年前后，特奥蒂瓦坎城容纳了大约125000人口，覆盖了包括许多玛雅人聚居地在内的相当一部分中美洲地区。此外，这座城市中还坐落着太阳金字塔和月亮金字塔，这两座金字塔是当时美洲最大的建筑物。

胡夫金字塔
146.5米

特奥蒂瓦坎月亮金字塔 40米

特奥蒂瓦坎太阳金字塔 75米

特斯科科湖

特奥蒂瓦坎

特诺奇蒂特兰

在鼎盛时，以特诺奇蒂特兰为首都的阿兹特克帝国统治着**600万人口**——比当代丹麦的人口还多。

**阿兹特克帝国**

**墨西哥**

## 托尔特克时代

大约在公元900年，来自墨西哥中部的托尔特克人攻占并焚毁了特奥蒂瓦坎城。在此后的200年间，托尔特克人极大地影响了该地区，比如引入了对羽蛇神的崇拜。羽蛇神是一尊长着羽毛的蛇神。

托尔特克人雕刻的倾斜的人物像，被称作"查克摩尔"。

阿兹特克人是一个游牧民族，生活在现代墨西哥城附近，控制了中美洲的大部分地区，并持续到16世纪时。

### 首都

根据传说，阿兹特克人选择特奥蒂瓦坎作为首都，因为他们在此地看到一只鹰站在仙人掌上啄一条蛇。阿兹特克人把这一事件当作神谕。特奥蒂瓦坎就在特斯科科湖附近。

阿兹特克帝国控制的疆域超过**20万**平方千米——相当于0.5个美国加利福尼亚州的面积。

在墨西哥国旗上依旧能找到鹰啄食蛇的标志。

### 人殉

在宗教仪式上，阿兹特克人以人殉作为仪式的一部分。据说，在1487年的一次持续四天的仪式中，献祭的人数超过了**80000**。

10000　10000　10000　10000

10000　10000　10000　10000

### 一座城市被征服

1521年，在赫尔曼·科尔特斯的率领下，一队西班牙人设法攻破了特奥蒂瓦坎城，进而征服了整个阿兹特克帝国。

# 印加人

公元12世纪，印加人将他们的首都库斯科建在现在的秘鲁地区。在印加帝国戏剧性地扩张成为美洲最大的帝国之前，印加人只有300年的历史。

在鼎盛之时，印加帝国的疆域达到了**200万平方千米**——几乎与格陵兰岛一样大。

## 印加的扩张

从1438年起，印加的诸多统治者分四个阶段逐步扩张印加帝国。在之后的150年间，印加帝国拥有了大片疆土。

**1438年—1463年**，帕查库提征服的领土

**1463年—1493年**，图帕克·印卡征服的领土

**1493年—1525年**，怀纳·卡帕克征服的领土。

**1525年—1532年**，华斯卡征服的领土

哥伦比亚

厄瓜多尔

秘鲁

**南美洲**

巴西

玻利维亚

巴拉圭

智利

阿根廷

## 获取信息

信使沿着印加大道传递信息，这些信息以结绳记事的方式记录，被称为"结绳语"。

在印加的领土上生活着 **1200万**人，比现代比利时的人口还要多。

## 印加"高速公路"

印加人修筑了长达32000千米的道路网络，由此将帝国的每一部分都连接起来。道路总长度足够横跨美国7次。

其中一条沿着南美洲海岸修筑的道路长达 **3500千米**——相当于纽约和洛杉矶之间距离的 4/5。

纽约

洛杉矶

印加人修造并维护索桥，以跨越安第斯山脉中的悬崖和山谷。

# 后来发生了什么

公元900年之后，许多玛雅人的城市被遗弃，玛雅人的文明也逐渐衰落。至今，历史学家们仍无法确定其中缘由。

## 玛雅的衰落

玛雅衰落的原因包括水资源短缺、人口过多、过度砍伐森林，以及城邦间持续不断的战争。

## 缺水

由于清理出来的空地接受的太阳能更少，阻碍了云的形成，因此砍伐热带雨林可能会加剧干旱，减少30%的降水。

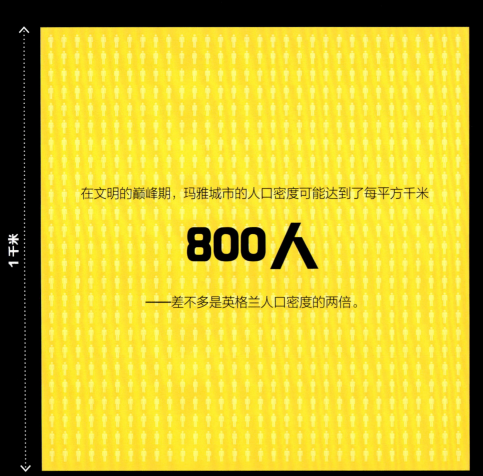

在文明的巅峰期，玛雅城市的人口密度可能达到了每平方千米

### 800人

——差不多是英格兰人口密度的两倍。

1千米

1千米

30%

北方的玛雅城邦，比如奇琴伊察，则一直持续繁荣，并被其他文明继承，这些后继的文明包括托尔特克文明和阿兹特克文明。

从旧世界浮海而来的欧洲人带来各种疾病，包括天花、流行性感冒和麻疹。多达

# 90%

的中美洲土著死于这些疾病。

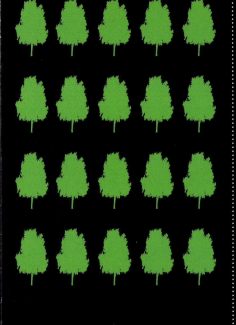

专家们认为，每建筑1平方米玛雅城市所用材料需要砍伐**20棵**树。

如今，还有许多玛雅人生活在中美洲各个角落的村庄里。超过**500万**人仍然使用着约**30种**玛雅语言。